USTC SCENERIES
UNIVERSITY OF SCIENCE AND TECHNOLOGY OF CHINA

The Road of Diligence
The Main Gate of USTC
NO.1 Teaching Building
NO.2 Teaching Building
NO.3 Teaching Building
The Chemistry Building
The Physics Building
Building of the Basic Science Teaching and Experiment Center
The National Synchrotron Radiation Laboratory
The Library
The Lecture Hall over the Pond
The Four Archway Buildings
The Special Class for the Gifted Young (SCGY)
Flowers in USTC
Trees in USTC

The Old North Gate
The North Yuquan Road
The Mirror Pond Pavilion
The Spectacles Pond in the West
The Sculpture of "Ox"
The Monument of the University Spirit
Sculptures of the Masters
The Source Monument
The Art Gallery
The Guo Moruo Square
The Loquat Garden
The Pavilion in the Pomegranate Garden
The Mini West Lake
The Plum Garden
The Angel Road

图书在版编目(CIP)数据

科大风物/中国科学技术大学党委宣传部编.—合肥：中国科学技术大学出版社，2008.9
ISBN 978-7-312-02399-6

Ⅰ.科… Ⅱ.中… Ⅲ.中国科学技术大学—摄影集 Ⅳ.G649.285.41-64

中国版本图书馆CIP数据核字(2008)第141394号

出版	中国科学技术大学出版社
	安徽省合肥市金寨路96号,邮编:230026
	http://press.ustc.edu.cn
印刷	安徽联众印刷有限公司
发行	中国科学技术大学出版社
经销	全国新华书店
开本	889mm×1194mm 1/24
印张	3
字数	100千
版次	2008年9月第1版
印次	2008年9月第1次印刷
定价	15.00元

02-老北门
04-**玉泉**北路
06-一鉴亭
07-西边的眼镜湖
08-"孺子**牛**"雕塑
10-校风碑
12-大师雕塑
14-思源碑

16-现代艺术中心
18-**郭沫若**广场
20-枇杷园
22-"占断群芳"
24-也西湖
28-梅园
30-**天使**路
32-勤奋路

34-大门
36-教学一楼
38-教学二楼
40-**教学**三楼
42-化学楼
44-**物理**楼
46-基础科学教学实验中心大楼
48-国家同步辐射实验室

50-图书馆
52-水上厅
54-四牌楼
56-**少年班**
58-科大的花
60-科大的树

目录

科大是质朴的。

初迁合肥，这里几乎荒芜一片，师生们靠双手奋力打造了现在的这片天地。校园里的荷、桃、梅、石榴、枇杷，随处散见，一年四季，花落花开，给人一种自由随性的感觉。

局外人总是异口同声地说，科大很美，很雅静，很有学府气质。可见，自然、质朴是万物原生之态，即便没有名贵花木点缀，单靠草木的自然散落，或许也完全能够支撑起一种学府气派吧！

老北门
THE OLD
NORTH GATE

UNIVERSITY OF SCIENCE AND
TECHNOLOGY OF CHINA
USTC SCENERIES

科大有更气派亮丽的大门，可这座老北门，永远有最特殊的意义。

对这座校门产生感情，一定不仅是一代人的故事。逆境图存的日子里，校门就是一种希望，给人坚强的意志和同舟共济的力量，还有能抚平创伤的亲切。

就像门旁这株已经和校门融为一体的紫藤。不经意间，你在她身旁徜徉，一串串紫色的花儿会触碰着你的脸颊，携来薄薄的清香……

年轮在一圈圈增长，现在已很少能见到她开满紫色的小花了。她已度过释放烂漫的年少时代，并把根深深地扎在这片土地上——枝叶更加繁茂，藤儿虬劲有力，生命力越显顽强……

玉泉北路
THE NORTH YUQUAN ROAD

UNIVERSITY OF SCIENCE AND TECHNOLOGY OF CHINA
USTC SCENERIES

一夜之间，路两旁的樱花绽放了，很是热烈。都知道"樱花七日"的日本民谚，于是花下簇拥了很多忙碌拍照的人。数日后，花瓣散尽嫣然，在风中零落，一地落红……命运的法则就是这样循环不已，所以人们总得要快乐地接受一些无法改变的事实，要珍惜，还要宽容。

沉寂已久的北大门开了，这条路也热闹起来，匆匆进出的校车和脚步声一如既往。抬头看看天空，原来樱花之上还有一种永恒的美丽，把这条路幻化得如此纵深。

回味悠长的，还有一个永远抹不掉的名字，叫"玉泉"。

一 鉴 亭
THE MIRROR POND PAVILION
UNIVERSITY OF SCIENCE AND
TECHNOLOGY OF CHINA
USTC SCENERIES

初识一鉴亭,大约很难有人为之动容。印象中,许多校园都有那么一个小亭子,被用作静静的点缀。一鉴亭,怕也如此普通吧?

后来知道《中国科大报》的"一鉴亭副刊"便是由此而来。在这个最优美的栏目中,很多人会经常提到这个小亭子。从其"半亩方塘一鉴开,天光云影共徘徊;问渠哪得清如许?为有源头活水来。"的名字由来,到她娟秀飘逸和亭亭玉立的外形,再到亭下清水出芙蓉,一切都变得那么雅致和有灵性,让人感知着畅快、清澈和活泼,甚至能催生一种渴望——细细地向她询访我们不曾了解的科大往事。

你于是猜想,一鉴亭,一定是有智慧的。

西边的眼镜湖
THE SPECTACLES POND IN THE WEST

UNIVERSITY OF SCIENCE AND
TECHNOLOGY OF CHINA
USTC SCENERIES

北门西侧的小湖，一直都是静静的，甚至一大片粉色荷花簇拥着盛开的时候。很多人只知道她和那个有"一鉴亭"的湖并称"眼镜湖"，除此，那种沉寂和不争，竟会让你极端地认定，某种意义上她不需要存在。

不过，许多事并非"需要"与否能下结论的，好比梦想。有人曾将梦想比作一条鱼，滑溜溜的，即使抓住了也令人不安。可是，如果没有了它，生活就会像一池无鱼的死水，很快便腐臭了。

夏日，夕阳，湖里的荷叶、荷花触手可及，晚风将缕缕清香泼洒开来。最爱在这个时候，沿着那条齐水面的小路，走进湖的中央，闭上眼睛，静静地蜷坐着……

如此惬意，她一定有自己的梦吧。

"孺子牛"雕塑
THE SCULPTURE OF "OX"
UNIVERSITY OF SCIENCE AND
TECHNOLOGY OF CHINA
USTC SCENERIES

78级学生毕业那年,集体捐资,给学校送了这件礼物。宽厚的基座上,两头初生牛犊肩峰突出、背向奋蹄,仿佛要扭转背负的偌大地球。据说它原来的名字就叫做"扭转乾坤",后来,有人觉得这名字过于张扬,和科大的风格不相契合,于是改作默默耕耘的"孺子牛"。

名字改了,雕塑里透出的那股精气神却没变,并进而成为80年代科大人的精神图腾。科大人将骨子里追求卓越、攀登科学高峰的雄心壮志,通过这个昂扬的雕塑进行了一次含蓄的抒发。

校 风 碑
THE MONUMENT OF THE UNIVERSITY SPIRIT

UNIVERSITY OF SCIENCE AND
TECHNOLOGY OF CHINA
USTC SCENERIES

精神的东西，是铭刻在心，流淌在血液里的，并非一两块碑石可以铸就。
采访过很多校友，不是所有人都知道或者记得这块石碑，可每个人都能脱口而出这碑上的字"勤奋学习，红专并进"。"那是郭老的亲笔题词！"老校友们都自豪地说，"背面的校歌《永恒的东风》是郭老填的词，周总理还亲自修改过歌词！"
听说校风碑上的字要在校庆的时候重新描金，那个时候该会更加焕发光彩了吧！

大师雕塑
SCULPTURES OF THE MASTERS
UNIVERSITY OF SCIENCE AND
TECHNOLOGY OF CHINA
USTC SCENERIES

因为那些眼神，这一座座冰冷的铜像，却令人倍感温暖。有关爱，有深邃，有淡定，有睿智，亦有坚毅和自信。这都是属于科大的气质，不在这里生活几年，你无法知道，那些眼神和表情如何地融化了整个学校和每个人。

某堂线性代数课上，讲台上老师发问，台下学生应者寥寥，老师便叹息道："看看教室外的华老吧，此时正伤心着呢！"据说，在场的很多同学，再次经过华罗庚雕塑的时候，都会不经意地驻足。

思 源 碑
THE SOURCE
MONUMENT
UNIVERSITY OF SCIENCE AND
TECHNOLOGY OF CHINA
USTC SCENERIES

碑顶的那块天然灵璧石凸凹有致，形如"1"字，寓意争创一流；底座上层为正五边形，下层平台为正八边形，隐喻1958年建校。

五年前筑起的这座碑，易象一九，形取五八，取名"思源"，意在思源固本，继往开来。思之何源？仅仅是建校的年份吗？这倒是所有科大人应该思考的问题了。

现代艺术中心
THE ART GALLERY
UNIVERSITY OF SCIENCE AND
TECHNOLOGY OF CHINA
USTC SCENERIES

校园最浪漫的地方应该就是这儿了。

沉睡了整整一个银白色的冬天，春梅抖擞精神，把初春的温润鲜艳地绽开。花坛里，红的、紫的、黄的小花，如梦初醒，次第开放。干枯的紫藤吐出了热情的叶子，无需几日，串串藤萝花就会挂满屋顶，把大片的紫从房顶泻到地面……这几间白色的小房子从不寂寞。

"同样的位置上，有大师的杰作亦有学生的涂鸦，有精美的相片亦有简单的漫画，而如今竟也能挂上我粗陋的作品。"一个女孩告诉我，它的浪漫，更是因为"宽容"。

郭沫若广场
THE GUO MORUO
SQUARE
UNIVERSITY OF SCIENCE AND
TECHNOLOGY OF CHINA
USTC SCENERIES

草坪上，或坐或躺，晒晒阳光，看看书，或者盯着老校长潇洒的身姿和幽远的眼神发呆，都会是件不错的事情。间或，身边还有三三两两的灰喜鹊跳来跳去。

在科大，好像无论哪里，都可以静静地读书和思考，即便是一个广场。没有人去刻意雕琢它。蓝的天，绿的草，大树成荫，一切都那么自然和随性！这便是自由了吧！

枇杷园
THE LOQUAT
GARDEN
UNIVERSITY OF SCIENCE AND
TECHNOLOGY OF CHINA
USTC SCENERIES

每年夏初枇杷熟了的时候，园里都会热闹起来，黄口顽童、懵懂少年，甚至还有悠闲的老人，三三两两踟蹰其间，手摘、杆挑、石块砸，或者干脆爬上树去采。有些忙乱，有些纷扰，有些欢笑，或者还有些指责。不少人觉得如此散漫成何体统，该有人管管。可说归说，终究没见到有人出面禁止。于是，年复一年，枇杷园里情景依旧。

或许，更多人知道，枇杷园本非经营之所，于此容纳生活原态，不恰恰体现了学府雍容气度吗？

"占断群芳"
THE PAVILION IN THE POMEGRANATE GARDEN

UNIVERSITY OF SCIENCE AND
TECHNOLOGY OF CHINA
USTC SCENERIES

亭子的年代应该不短了，却一直没有一个合适的名字。于是，有人干脆叫它"未名亭"，也有人欲叫它"风波亭"，暗喻科大曾经的风波跌宕。

其实，它与石榴园应该是颇多关联的。这园子的绿色太轻盈了，于是有了角落里的这个小亭子，来给浮动的绿定妆。

宋晏殊《石榴》有言："开从百花后，占断群芳色"。亭上若悬此四字之匾，不正是对火红石榴花的最好写照吗？

也西湖

也西湖
THE MINI WEST LAKE
UNIVERSITY OF SCIENCE AND
TECHNOLOGY OF CHINA
USTC SCENERIES

80年代初建时期，科大西区的中心地带还是一片芜杂的洼地，不少师生曾赤脚挽手，不辞辛劳，参与疏浚整治，让一块野池塘，变成了现在西区最重要的园林景致。新千年后，再次整修，又给它平添了些许都市的甜腻之气。

"也西湖"的名称，是学校道路园池命名后的产物，能否流传开去，尚未可知。不过，取个什么样的名字为好，科大人似乎并不太关注。倒是曾经的野趣消失已尽，稍稍给人一种隐隐的惆怅。

"那时的科大"，或许只能永远封存在科大人的心底了。

梅 园
THE PLUM GARDEN
UNIVERSITY OF SCIENCE AND
TECHNOLOGY OF CHINA
USTC SCENERIES

很多人都有这样一个心愿：科大要有一个像样的梅园，冰封大地的时候，红的、白的、黄的、粉的梅花，香满校园。"梅花香自苦寒来"，因为这种刻苦的精神，已成为科大人心中挥不去的情结。

终于，在西区的也西湖畔，有人竖起了这块石碑。只不过，依旧是数株而已。

没有高巧的规划，也没有精心的雕琢，更不会有多少名贵的品种。于是，科大人便依依旧这样随遇而安地习惯于踏雪寻梅，教学二楼前零散的两株，眼镜湖边稀疏的一丛，西区也西湖边蓬松的几棵……好在梅花有其沁人心脾的芬芳，不用到处寻找，循着芳香走去，没准在校园的哪一个角落，就会看到一枝春意绽放。

天 使 路
THE ANGEL
ROAD
UNIVERSITY OF SCIENCE AND
TECHNOLOGY OF CHINA
USTC SCENERIES

最初叫她"天使路"的是谁？已经无从查考。不过，他（她）一定很年轻、很风趣，就像阳光透过浓密的梧桐，碎金般跳跃在脸上。

不胫而走。就连外地的中小学生都慕名而来，叽叽喳喳地穿行在天使路上；

夏秋之交，枝叶交叠的法国梧桐上，成群的鸟儿乌压压地飞过，那种阵势让人惊讶，你想象不出它们是怎样地热爱这片树林。于是，"晨昏喧鸟雀"成为校园一景；于是，整个校园习惯了在褚黄的喧嚣中蒸腾出紫色的静谧。

如此别样可爱的景致，你却甚至对它有些许埋怨——从鸟雀嬉闹的天使路上走过，或许会有"天使"轻轻滑落在你的肩头。

勤 奋 路
THE ROAD OF
DILIGENCE
UNIVERSITY OF SCIENCE AND
TECHNOLOGY OF CHINA
USTC SCENERIES

或许，勤奋路是科大最有幸福感和成就感的路了。教一楼伸出双臂将它轻轻拥抱，郭沫若老校长微微倚靠在它的肩上，莘莘学子更是在它的轨迹上迈动着青春的舞步。
它被呵护，又被依靠，还引导青年学生走上勤奋学习的道路。没有感受到吗？走在勤奋路上，一样有"天使"轻轻滑落你肩头的。

东区北门

东区大门

大门
THE MAIN GATE OF USTC
UNIVERSITY OF SCIENCE AND
TECHNOLOGY OF CHINA
USTC SCENERIES

古人云:"宅以门户为冠带",科大的"冠带"实在是朴实得紧,倒是东区大门前的两尊厚重的石狮子,和西区大门开阔的"一"字造型,多少让人感受到科大的胸襟和气度。

平淡无奇的大门,每天看着质朴的科大人进进出出。它不言语,只安静地守着那份宁静和淡然。

西区大门

教学一楼
NO.1 TEACHING BUILDING
UNIVERSITY OF SCIENCE AND TECHNOLOGY OF CHINA
USTC SCENERIES

一教是东区最有历史的教学楼了。四面被成排的大树包围着，可金色的阳光总会透过树叶的缝隙，从各个角度洒落下来，绵长又惬意。无论坐在哪间教室，凝望着干枯的枝丫吐出嫩黄的树叶去憧憬未来，抑或随着飘落的黄叶思索些青春的哲理，都是对于一教最贴切不过的文学剪辑。

喜欢一教的红色。在寒冷的冬天，看到它就会觉得温暖，靠近了，还会有种被呵护的感觉。

时间的脚步在这里放到最慢，思维却能蔓延得很远，很悠长。一教是安静的，深沉的，理智的。

教学二楼
NO.2 TEACHING BUILDING
UNIVERSITY OF SCIENCE AND TECHNOLOGY OF CHINA
USTC SCENERIES

二教是开放的、活跃的，散发着80年代的科大气质。
记得刚开学不久的一个晚上，我站在二教旁出神地望着楼上整齐的灯光，一个学生走到我身边，异常激动地问："这是不是传说中的二教？"那张青春烂漫、活力洋溢的面容，忽然和二教一起，令人觉得震撼。
他肯定是新生，我心里默想，他也和许多新生一样，对这座教学楼满怀崇敬！

教学三楼
NO.3 TEACHING BUILDING
UNIVERSITY OF SCIENCE AND TECHNOLOGY OF CHINA
USTC SCENERIES

西区三教的主楼和附楼相依相偎,环绕着一块小空地,中间点缀着郁郁葱葱的几个花坛,便欣欣然有了一片自己的小天地。

天地虽不大,胸襟却开阔。

三教是科大人的三教,有时候也是外校学生的三教。尤其是北风呼啸的冬日,总有不少外校学生悄悄地走进这里,和科大学子一道,在暖暖的教室里苦读。

化 学 楼
THE CHEMISTRY BUILDING
UNIVERSITY OF SCIENCE AND TECHNOLOGY OF CHINA
USTC SCENERIES

相对而言，化学楼算是破旧不堪了，很早就听说要重建，却一直没有。于是，它依旧顽强地活在科大人的生活中。这里的一砖一瓦都是科大老师亲自烧制出来的，它见证了科大人南迁重建的沧桑岁月。

终有一天，它要告老荣休的。那个时候，会有人从它的残垣断壁中，捡拾一块青黑色的砖，永久地珍藏起来吗？

物 理 楼
THE PHYSICS BUILDING

UNIVERSITY OF SCIENCE AND
TECHNOLOGY OF CHINA
USTC SCENERIES

物理楼前的灯光，曾经被选为30周年校庆画册的封面。那个年代的物理楼，算是科大最有气魄的建筑物了。楼前音乐喷泉广场，是可以用来开露天舞会的。

如今，在它的身后，耸立着高出它许多的理化大楼。物理楼佝偻着身子，似乎失去了昔日的光泽。

不过，事物就是这样不断发展的。正是物理楼用它坚实的肩膀，托起了崭新的理化大楼。它依然是充实的。因为，看到它，就一定能看到更加伟岸的新一代。

基础科学教学实验中心大楼
BUILDING OF THE BASIC SCIENCE TEACHING AND EXPERIMENT CENTER

UNIVERSITY OF SCIENCE AND TECHNOLOGY OF CHINA
USTC SCENERIES

这样的一栋楼,在科大人的口中再次被简化成了"十八层大楼"。一个质朴不过于此的名字,却成为很多人的向往。原因只有一个,这里是微尺度物质科学国家实验室所在地。
似乎没办法找到一个中庸的位置去拍摄它,只能无奈地、矮矮地站在下面,仰视着它直冲云霄的气魄和壮丽。

国家同步辐射实验室
THE NATIONAL SYNCHROTRON RADIATION LABORATORY
UNIVERSITY OF SCIENCE AND TECHNOLOGY OF CHINA
USTC SCENERIES

三十多年前的一个盛夏,几位年轻的助教窝在窄小的实验室里,摩拳擦掌,要在我国兴建第一台专用同步辐射加速器的时候,怕是没有几个人会相信"癞蛤蟆"会吃得到"天鹅肉"。如今,这样的神话在这片校园里一再上演。人们终于懂得,对于满脑子创新梦想的"拼命三郎"来说,一切都并非不可能的。

这座乳白色的加速器储存环建筑,于是成为科大人勇于创新的一张名片。

东区图书馆

西区图书馆

图书馆
THE LIBRARY

UNIVERSITY OF SCIENCE AND
TECHNOLOGY OF CHINA
USTC SCENERIES

知识是大学的基本元素,用图书馆作为西区的制高点,怕是再合适不过了。褐色的墙面,拙朴的外形,给人一种厚重的感觉。也西湖静静地依偎在它面前,风吹水皱,杨柳依依,灵动而且生机。

都说仁者乐山,智者乐水。又说,山无水则无灵,水无山则无骨。图书馆就是西区的山。西区的丘壑大约就在这一湖一楼之间。

水 上 厅
THE LECTURE HALL
OVER THE POND
UNIVERSITY OF SCIENCE AND
TECHNOLOGY OF CHINA
USTC SCENERIES

水上厅老了。生逢日新月异的时代，谁都会老得很快。当更为华丽、现代的学术报告厅济济一堂时，水上厅显得越来越寂寥。不过，谁也不会漠视它"第一学术报告厅"的荣光与地位。毕竟，这里曾经名师云集，学子如潮。它见证并带动了科大人的一代辉煌。

四牌楼
THE FOUR ARCHWAY BUILDINGS

UNIVERSITY OF SCIENCE AND TECHNOLOGY OF CHINA
USTC SCENERIES

这几栋灰白色的低层建筑,如今已看上去过分陈旧,甚至与周围的"新贵们"不相协调。可这里的灯光,依旧是青春涌动的,是活力四射的,它是科大人勤奋刻苦的一种象征。

80年代,这里最先装上了暖气。据说,冬天将尽的时候,周边的小草也会提前发芽。四牌楼于是成为科大人浓浓师生情谊的象征。

或许,有一天,这里也将成为过去,可它注定会进入所有人的深层记忆。

少 年 班
THE SPECIAL CLASS FOR
THE GIFTED
YOUNG (SCGY)

UNIVERSITY OF SCIENCE AND
TECHNOLOGY OF CHINA
USTC SCENERIES

少年班所在的这栋楼，已经爬满了青藤，正如她创办30年来的累累硕果一样。
"神童"，这个称号，不过是世人自己心中的一种神话情结。对科大来说，创新和勤奋，才是少年班的灵魂，是少年班学生大器早成的双翼。
争论，偏见，误解，非议，与生俱来。而少年班则在争议中不断完善，在创新中继续前行。

科大的花
FLOWERS
IN USTC
UNIVERSITY OF SCIENCE AND
TECHNOLOGY OF CHINA
USTC SCENERIES

春桃、夏荷、秋桂、冬梅，乃科大花中"四君子"。依然是花中凡品，又依然勾勒出科大之风骨。没有人刻意为之，让她们与科大的品格一一对应，暗合而已。

科大的树
TREES IN USTC

UNIVERSITY OF SCIENCE AND
TECHNOLOGY OF CHINA
USTC SCENERIES

最引人注目的要数雪松、梧桐和古槐了。铁骨虬枝，浓荫如盖，既代言了学府深沉，又刻画着大学风骨。科大校园里的树大多凡品，绝少珍稀之物。然而，"平凡出英雄"，当这些寻常之树合力妆点校园，烘托出沉静厚重的学府气象时，你会忽视它们的存在吗？

生命科学大楼

老艺术楼

西区操场

东区学生宿舍

南区体育馆

陶艺中心

东区师生活动中心

USTC SCENERIES
UNIVERSITY OF SCIENCE AND TECHNOLOGY OF CHINA
科大风物

校史馆

科技之花雕塑

火凤凰雕塑

东区楼顶花园

大礼堂

西区学生宿舍

管理科学大楼

东区操场

西区学生宿舍

USTC SCENERIES
UNIVERSITY OF SCIENCE AND TECHNOLOGY OF CHINA
科大风物

北区继续教育学院

网络信息中心

火灾科学国家重点实验室

西区学生活动中心

中国科学技术大学是由我党亲手创办，并得到中央历代领导集体高度重视的新型理工科大学。1958年9月创办于北京，1970年迁至合肥。50年来，中国科大坚持"质量优异、特色鲜明、规模适度、结构合理"和"全院办校、所系结合"的办学方针，实现了超常规发展，被称为"科技英才的摇篮"和"精品大学、英才教育"的典范。

建校以来，中国科大已培养5万名德才兼备的科技人才，其中42人当选两院院士，20余人成为国防科技战线的将军。本科毕业生平均每1000人就产生1名院士和700多名硕士、博士，比例位居全国高校第一。最近十年，在国际核心学术期刊发表论文数一直名列高校前茅，其中发表在高影响区段学术期刊的论文数和被引用频次居全国高校之首。2003年以来，中国科大是连续五年入选两院院士评选的"中国十大科技进展"的唯一高校。

学校目前建有8个学院、27个系和少年班（含教改试点班），以及研究生院、继续教育学院等。有8个一级学科国家重点学科，4个二级学科国家重点学科，19个省部级重点学科，25个国家和院省部级重点科研机构。现有两院院士28人，教授463人，副教授653人。普通高等教育在校生15579人，其中博士生2090人，硕士生5822人，本科生7667人。

中国科大将继续努力培养造就世界一流科学家和科技领军人才，攀登科学技术高峰，把学校建设成为一流研究型大学，为提高自主创新能力、建设创新型国家做出更大贡献。